LE RACHAT

DES

CHEMINS DE FER

ÉPILOGUE

PAR

M. Léon MALO

INGÉNIEUR

Ancien Ingénieur du Matériel de la voie des Chemins de fer du Midi.

PARIS

E. DENTU, ÉDITEUR

PALAIS-ROYAL, 15, 17 ET 19 GALERIE D'ORLÉANS

1880

LE RACHAT

DES

CHEMINS DE FER

ÉPILOGUE

PAR

M. Léon MALO

INGÉNIEUR

Ancien Ingénieur du Matériel de la voie des Chemins de fer du Midi.

PARIS

E. DENTU, ÉDITEUR

PALAIS-ROYAL, 15, 17 ET 19, GALERIE D'ORLÉANS

1880

LE RACHAT

DES

CHEMINS DE FER

⸻ ◦◦◦ ⸻

ÉPILOGUE

I

Le rideau paraît s'être enfin baissé sur la pitoyable comédie dont nous venons d'écrire le titre. Elle aura duré un peu plus d'un an. C'est long, même pour une comédie.

Un an d'anxiété, d'appréhension du lendemain, d'inquiétude dans les relations commerciales; un an de trouble semé sur les innombrables intérêts qui, de près ou de loin, se rattachent à l'industrie des chemins de fer. En avons-nous fini, au moins, avec cet *imbroglio*, et les auteurs de cette triste pièce, si outrageusement sifflée, vont-ils maintenant laisser le public en repos? Il en serait grand temps, en vérité.

Les Chambres se sont rouvertes, depuis six semaines déjà, et la loi annoncée du rachat n'est point venue. Le Gouvernement s'est tu. La ténébreuse et désormais légendaire Commission des trente-trois a gardé un profond silence. Au milieu et en dépit du bruit assourdissant qui s'est fait autour d'elle, la redoutable question s'est paisiblement endormie. Aucun des pouvoirs publics ne semble empressé de la réveiller.

Nous disons « endormie », mais, au fond, nous croyons qu'elle est bien morte. Elle n'était pas néc viable, cette question du rachat;

pour la tenir sur ses jambes, pendant une année, et pour lui donner les airs d'épouvantail sous lesquels on cachait sa faiblesse, il a fallu toute l'habileté de ses défenseurs, toute leur dextérité dans l'art de jongler avec des mots, dont l'effet est toujours puissant sur la foule : « privilèges, monopoles, féodalités financières, omnipotence des grandes Compagnies. » On n'imagine pas quel parti, un artiste de talent, peut tirer de l' « omnipotence des grandes Compagnies », quand il en joue bien ; et, les promoteurs du rachat, c'est une justice qu'on doit leur rendre, en ont joué en virtuoses accomplis. « Féodalité financière » ne manque pas non plus de couleur ; cela exhale un léger parfum de torture et je ne sais quel avant-goût d'oubliettes tout à fait irrésistibles. Le bon sens public a su résister cependant à cette fantasmagorie, et les dramaturges du rachat en ont été pour leurs frais de mise en scène.

En fin de compte, nous le répétons, la question paraît être enterrée. Grâce à Dieu ! car elle était devenue ennuyeuse à périr. Elle piétinait sur place, se répétait, radotait. Tout a été dit, redit, ressassé, dans cette interminable discussion ; on ne trouverait plus un argument qui n'ait été donné cent fois ; plus un chiffre inédit, plus un de ces sophismes qui ne soit usé jusqu'à la corde. La cause est entendue jusqu'à satiété ; l'opinion publique est édifiée : les intéressés , c'est-à-dire à peu près tout le monde, n'ont plus rien à apprendre sur le mauvais coup qui se méditait contre eux. Il est à espérer, qu'après le *tolle* général soulevé dans le pays par cette étrange entreprise, après les manifestations, si énergiquement contraires, de soixante et onze chambres et tribunaux de commerce, de cinquante-deux conseils généraux, de quantités de sociétés industrielles, chambres syndicales et autres, il est à espérer, disons-nous, que, ni le ministère ni le Parlement, ne sont plus aujourd'hui d'humeur à remonter un courant d'une pareille violence, et à se lancer dans une aventure aussi impitoyablement, aussi universellement condamnée. Leur silence, après un mois de session, l'absence de toute mention sur ce sujet, dans la déclaration ministérielle, montrent clairement qu'ils se soucient peu d'ajouter aux embarras politiques du jour, cette autre fâcheuse affaire, la plus dangereuse, en dépit de sa tournure pacifique, et la plus grosse de désastres que toutes celles que la malechance d'un gouvernement peut lui mettre sur les bras.

Toutefois, ce silence, quelque significatif qu'il soit, ne saurait remplacer complètement la déclaration catégorique et définitive que le pays alarmé a le droit d'attendre, après une alerte aussi grave et aussi prolongée. Le pays ne peut se contenter d'une adhésion muette. Il vaut bien qu'on lui dise au moins un *oui* ou un *non*. La confiance publique est ombrageuse; on l'a effrayée mal à propos; c'est bien le moins qu'on prenne la peine de la rassurer. Tant qu'un semblant d'incertitude planera sur les intentions de nos gouvernants, le malaise que la politique d'accaparement et les tendances communistes cachées derrière l'idée du rachat ont répandu sur la prospérité publique, ne sera point dissipé.

Or, si l'on en jugeait par certains symptômes de mauvais augure, il y aurait lieu, pour les adversaires du rachat, de ne point désarmer encore. Des apparences fâcheuses subsistent. Jusqu'à cette heure, on n'a pas entendu dire que la Commission des trente-trois, cette commission malencontreuse qui nous a taillé de si belle besogne, se soit dispersée. Elle existe encore de fait; elle s'assemble, dit-on, à jours fixes, discute, délibère, vote, tout comme si elle n'était pas, depuis longtemps, dissoute par la clameur publique.

Puis, signe plus menaçant encore, un journal qui passe pour recevoir les secrets de l'Olympe, vient de publier, *in extremis*, en faveur du rachat, une série d'articles qui empruntent, à la place où ils ont paru et au nom de l'auteur auquel on les attribue, toute l'autorité d'un manifeste semi-officiel. La plume qui aurait pu les signer est, en effet, celle de l'un des plus capables et des plus importants parmi les administrateurs du réseau d'État.

Il est donc à croire que ce projet de rachat, virtuellement écrasé sous tant de coups venus, sans acception d'opinions politiques, de tout ce qui fait cause commune avec les intérêts publics, ne se tient pas encore pour mort. Il ne faut pas s'en préoccuper outre mesure. L'aventure est bien finie, le rideau est bien tombé; quelque tapage que l'on fasse, il ne se relèvera pas, le public en a plus que son content. Cependant, en présence de la dernière tentative qui vient d'être faite, c'est à nous, contribuables, à qui, si elle eût réussi, on aurait fait payer les frais de cette folie; c'est à nous, commerçants, c'est à nous tous, petits capitalistes, dont la fortune est assise sur la prospérité qu'on allait compromettre, c'est à nous, grand public innocent qu'on cherchait à leurrer, c'est à nous qu'appartient le dernier mot.

Celui qui écrit ces lignes s'est trouvé (qu'on veuille bien excuser la faiblesse qu'il a d'en tirer vanité) l'un des premiers à ouvrir le feu contre cette périlleuse proposition du rachat des chemins de fer. Il s'en prévaut aujourd'hui pour souhaiter être parmi ceux qui lui donneront les derniers coups. Comme la première fois, il n'a ici en vue que les grands intérêts généraux mis en péril. Ce sont eux

qu'il cherchera à défendre, et non les individualités collectives ap-
pelées *Compagnies*, dont la cause se trouve fortuitement liée à la leur.
Les avocats du rachat ont déplacé le terrain du combat, quand ils
se sont attaqués aux Compagnies ; ils ont avili et rapetissé la lutte.
L'intérêt des grandes Compagnies n'entre que pour son unité, dans
l'immense total des intérêts publics menacés par ce complot, heu-
reusement avorté. C'est à grand tort qu'on a substitué leur personnalité à la personnalité du pays lui-même, du pays tout entier, dont
les œuvres vives étaient visées par l'ennemi. Ce volontaire malentendu
a fait dégénérer, en polémique vulgaire, la discussion du plus solennel et du plus vaste problème d'économie politique qui peut-être
se soit jamais posé.

· Les articles que nous venons de signaler, et qui sont tombés
sur le public, comme un dernier obus après la bataille finie, sont un
modèle de discussion haineuse et personnelle. Il faut tout le talent,
d'ailleurs incontesté, de l'auteur, pour rendre acceptable ce débor-
dement de récriminations et d'amertume. Nous ne les discuterons
pas de point en point, ce serait un travail inutile ; ils se réfutent
par leur violence même. Mais, le caractère public de l'écrivain, sa
situation officielle, ses influences politiques, le cas que l'on fait de
lui, dit-on, dans le cercle des dieux, donnent à son œuvre une
importance qu'il n'est pas permis de méconnaître. C'est ce qui
nous a attiré de nouveau dans la lutte et ce qui nous a conduit à
offrir l'appui de notre humble, mais très convaincue et très con-
sciencieuse opinion, à une cause que nous croyons être celle de la
justice et de la vérité.

II

Le journal dont nous voulons parler est la *République française;*
les articles auxquels nous avons fait allusion, si M. Allain-Targé ne
les a pas signés de son nom, il les a signés de son style mordant,
nerveux, souvent agressif ; le style, chose rare, d'un lettré émérite
mis au service d'un spécialiste de haute valeur. Il ne nous coûte
point, avant de l'attaquer, de saluer cet adversaire avec toute
l'estime que nous faisons de son mérite.

Cette série d'articles est de la famille des *Philippiques*. La verve
en est quasi-farouche. L'auteur s'y applique moins à démontrer la
bonté de sa cause qu'à déchirer ses contradicteurs. On y sent je ne
sais quel souffle haineux qui ne s'éteint qu'à la dernière ligne. On

regrette de n'y pas trouver un peu plus de la sérénité qui sied aux discussions économiques.

Dès le seuil, il commence, naturellement, à vilipender les grandes Compagnies, « ces syndicats gouvernés par des conseils composés, en » majorité, d'hommes compromis dans les aventures réactionnaires » des dernières années. » La pluie d'apostrophes de ce genre tombe en cataractes. Chaque colonne apporte la sienne. « Soif de domination, grands vassaux indépendants, organisation oligarchique, féodalité nouvelle, partis qui rêvent la restauration des institutions monarchiques. » Tout cela à propos des billets d'aller et retour et des tarifs de petite vitesse. Cette chute torrentielle d'éloquence tribunitienne sur des questions de transport à bon marché prête un peu à sourire aux gens qui ne savent pas de quel poids est, dans les conseils de l'État, l'écrivain qui la répand. Ils se disent, irrévérencieusement, que, d'habitude, on n'est pas d'aussi méchante humeur quand on a raison, et ils se demandent ce que ces invectives politiques, ces mots longs d'une aune, puisés dans la phraséologie révolutionnaire, viennent faire dans une discussion purement économique. Nous sommes un peu de ces gens-là, et nous estimons que toute cette grande indignation ne vaut pas un argument. Nous nous contenterons donc d'en admirer la verve étincelante, sans la relever par une riposte inutile.

Il n'y a pas davantage à se formaliser, pensons-nous, de l'aigreur, mélangée de mépris, avec laquelle M. Allain-Targé dit leur fait à ceux qu'il appelle « les amis des grandes Compagnies ». On est les « amis des grandes Compagnies » toutes les fois qu'on n'est pas de l'avis de M. Allain-Targé au sujet du rachat des chemins de fer, et que l'on ne partage pas son enthousiasme à l'endroit des vertus du réseau d'État. Ces amis des grandes Compagnies ont défendu leur opinion, par le moyen d'articles et de brochures écrits « dans une prose ennuyeuse et illisible », et que M. Allain-Targé déclare carrément « calomnieux ». Mon Dieu! chacun plaide pour ses idées, dans la prose qu'il peut ; et, c'est précisément parce que la prose de M. Allain-Targé est particulièrement piquante et facile à lire, qu'il serait charitable à lui de se montrer plus indulgent pour celle des autres. Quant à l'épithète « calomnieux », il suffit de lire les vingt premières lignes venues des articles de M. Allain-Targé pour reconnaître qu'il eût été plus équitable, en la gardant pour lui.

Il n'est point poli, non plus, de sa part, d'insinuer que les soixante et onze chambres et tribunaux de commerce qui se sont prononcés contre le rachat, ont été corrompus par les grandes Compagnies, qui se sont fait donner par eux « des certificats de moralité et d'aptitude ». Mais il faut excuser ces *lapsus* échappés, *ab irato*, à la plume du brillant avocat d'une cause perdue.

Ce qu'il est malaisé, par exemple, de voir sans un peu de stupéfaction, c'est l'assurance avec laquelle l'éminent administrateur des chemins de fer de l'État avance un certain nombre de faits, nous ne dirons pas faux, le mot n'est pas courtois, mais diamétralement opposés à la vérité.

Ainsi, nous lisons en tête du second article, cette phrase étonnante : « L'État est bon pour donner des subventions, des garanties d'intérêt, bon pour payer tribut aux Compagnies, qui, sans lui, ne trouveraient pas d'actionnaires ou dévoreraient leur capital. » On n'avait pas encore cru aux Compagnies les dents si longues ; mais c'est affaire à elles, non à nous, de défendre leur crédit contre cette botte meurtrière. Nous relèverons seulement, parce qu'il est d'intérêt public que personne ne s'y trompe, cette *erreur* qui consiste à présenter la garantie de l'État comme un don gratuit. L'État accorde bien sa garantie ; mais les sommes qu'il peut avancer, à ce titre, portent intérêt à 4 0/0 à son profit et lui doivent être restituées à des époques déterminées par les conventions. Au jour où nous sommes, le taux de ce placement n'est pas, au surplus, si méprisable. En donnant cette garantie, qui ne lui coûte pas un centime, l'État est resté dans son rôle de tuteur et de protecteur des Compagnies, dont il a ainsi sagement favorisé l'éclosion et le développement, rôle que, seuls, des étourdis, à moins que ce n'aient été des intrigants (nous préférons la première hypothèse à la seconde), ont pu songer à lui faire abandonner.

Il n'est que juste de remarquer que, si l'État *prête*, chaque année, aux Compagnies, une quarantaine de millions, qui lui seront religieusement remboursés (personne n'en doute plus aujourd'hui), il reçoit d'elles annuellement (en outre des réductions ou des gratuités de tarifs dont il jouit) quelque chose comme 130 ou 140 millions d'impôts, qu'il gardera parfaitement. Il ne faudrait donc point que M. Allain-Targé se répandît en lamentations trop amères sur le sort que le service de la garantie d'intérêt fait à l'État et contribuât par ses « hélas ! » à propager, parmi ceux qui ne connaissent pas le mécanisme de cette combinaison, la croyance que l'État se livre vis-à-vis des Compagnies à des prodigalités gratuites. Peu d'erreurs ont été plus répandues et plus exploitées que celle-là, par les partisans de l'exploitation officielle ; la longue discussion publique soulevée par la proposition de rachat aura eu au moins le bon effet de la rendre claire, même pour les plus simples.

M. Allain-Targé est mieux venu à faire l'apologie du réseau d'État. Il s'en acquitte, d'ailleurs, avec une fougue et une exubérance qui font honneur à sa tendresse de père de famille. Ce n'est pas qu'il abuse de la démonstration ; non, ces choses-là tiennent de la place et ralentiraient le débat; l'affirmation lui suffit. Son argumentation tient à peu près tout entière dans cette phrase modeste autant que vraie: « L'État administre ses chemins de fer de » façon à contenter le public mieux que n'avait pu faire, avant lui, » l'industrie privée. »

Il faut bien le croire, puisqu'il le dit; mais on conviendra avec nous que les conseils généraux et chambres de commerce dont les départements sont sillonnés par les chemins de fer officiels : Charente, Charente-Inférieure, Gironde, Indre-et-Loire, Loire-Inférieure, Maine-et-Loire, Indre, Vendée, Haute-Vienne, Dordogne, Marne, Loiret, ont fait preuve d'une bien noire ingratitude, en se prononçant contre le rachat. Ces assemblées délibérantes, que jusqu'alors on avait crues intègres, ont été probablement achetées à prix d'or par les oligarchies financières, ni plus ni moins qu'un simple faiseur de brochures.

La preuve que l'État administre ses chemins de fer aussi bien que le dit M. Allain-Targé, c'est qu'il a déjà « amélioré le service des voyageurs et le tarif de grande vitesse ». Les prix ont été diminués, les banquettes de 3e classe, garnies de coussins; des billets d'aller et retour à 40 0/0 de réduction ont été institués sur tous les parcours; on ne nous dit pas si la nourriture est comprise; si elle ne l'est pas encore, elle le sera, à coup sûr, incessamment. Le réseau d'État serait bien coupable de refuser à ses voyageurs tous les genres de confortable; quand on a derrière soi le Trésor public, les devoirs de Providence du voyageur et de régénérateur des tarifs sont aisés à remplir.

On nous dira peut-être, et d'avance nous en demeurons d'accord, que le réseau d'État, quoique institution essentiellement officielle, jouit néanmoins d'une existence propre et d'un budget autonome, que ses dépenses et ses recettes sont, comme celles des Compagnies, établies par francs et centimes et balancées dans un bilan publié chaque semestre.

Si l'on entend prouver par là que les administrateurs du réseau d'État sont gens parfaitement honorables, incapables d'altérer un chiffre ou de forcer un total, on prendra une peine inutile. Personne, et celui qui écrit ces lignes moins que personne, ne contestera leur rigoureuse probité. Seulement, il y a dans l'exploitation d'un chemin de fer (chose terriblement compliquée, ainsi que le savent tous les gens de la partie), il y a de certaines illusions d'optique qui, parfois, font voir à droite ce qui est à gauche ; certaines déviations du rayon visuel qui par exemple vous induisent à mettre au compte de premier établissement ce qui appartient formellement à l'entretien. Cette erreur est commune, surtout chez ceux qui n'ont pas vieilli dans le métier. En polémique courtoise, on doit toujours présumer la bonne foi de ses contradicteurs ; mais il est bien permis de se méfier de leurs inductions, et celles des administrateurs du réseau d'État nous paraissent être du domaine de la plus haute fantaisie.

Dans l'opinion de M. Allain-Targé, « le véritable progrès obtenu » par l'administration du réseau d'État, c'est la révision et l'amélioration des tarifs de petite vitesse.

Là est, en effet, la maîtresse question de cette grande affaire du rachat ; car, si véritablement l'exploitation officielle était plus accommodante pour le commerce que celle des Compagnies ; si elle avait, en réalité, simplifié et abaissé les tarifs, sans recourir à la bourse publique ; si son coefficient était, comme elle l'assure, de 78 0/0, et si celui des Compagnies, pour des lignes de nature analogue aux siennes, atteignait 87 0/0, et, pour certains réseaux, jusqu'à 118 0/0, ce serait un gros atout dans le jeu des partisans du rachat. Voyons donc s'il n'y aurait point quelque fantasmagorie dans ces chiffres-là.

III

Un chemin de fer qui n'est pas officiel vit de ce qu'il gagne, comme le plus modeste entrepreneur, comme le moindre des artisans. Il transporte voyageurs et marchandises, moyennant un prix soumis à cette double condition : d'être assez bas pour provoquer le trafic et assez élevé, néanmoins, pour procurer à ceux qui lui ont prêté son capital, un intérêt émunérateur de leur argent. Il y a là une question d'équilibre, dont la solution résume l'économie financière d'un chemin de fer, comme celle, d'ailleurs, de n'importe quelle entreprise de transport.

Avec une condition de plus, cependant. En compensation de l'espèce de monopole accordé aux Compagnies de chemins de fer (monopole nécessaire, comme le prouve le délabrement des compagnies concurrentes anglaises), l'État a imposé à leurs tarifs un *maximum* qu'il leur est interdit de dépasser.

Ce *maximum*, le devoir des Compagnies, ajoutons-y leur intérêt, est de s'en éloigner le plus possible. En effet, le transport des matières premières ou fabriquées, même celui des personnes, étant un élément considérable de la valeur du produit, plus les frais de ce transport diminuent, plus le prix des choses s'abaisse, plus le bien-être public s'en accroît, plus la consommation, et par suite la production augmentent, plus enfin le trafic grandit. Cette loi économique élémentaire, qui met absolument d'accord les intérêts du transporteur et ceux de ses clients, s'est vérifiée de point en point, dans la pratique.

Aussi, toujours, les chemins de fer, de leur propre mouvement, sans avoir besoin d'autre mobile que le soin de leur prospérité, ont-ils tendu à diminuer leurs tarifs, soit en les rendant différentiels (c'est-à-dire en réduisant leur base en raison de la distance parcourue), soit en créant des tarifs spéciaux à certaines marchandises et à certains parcours.

Ces tarifs, dont l'objet est d'accroître le trafic, et d'obtenir de cet accroissement une compensation à l'abaissement de la taxe, ne sont point fixés à la légère. Leur mise en vigueur est toujours précédée d'une enquête officielle, où sont entendus les préfets, les chambres de commerce et les chambres consultatives intéressées, enfin le comité consultatif des chemins de fer. C'est, seulement, lorsque cette longue et minutieuse instruction n'a révélé aucun empêchement dirimant, que le tarif projeté est homologué par le ministre.

Malgré ces précautions, si sagement prescrites par le législateur et qui mettent, entre les mains de l'État, un si puissant instrument de contrôle et de pondération, la question des tarifs, celle surtout des tarifs spéciaux, a été choisie, entre toutes, par les partisans du rachat, pour leur servir de machine de guerre dans leur campagne contre les Compagnies. L'éminent rédacteur de la *République française* n'a pas dédaigné, lui-même, d'employer cette arme, un peu usée déjà à la vérité et devenue inoffensive, même dans sa main ; mais, sa grande notoriété donne à cette attaque, si peu redoutable qu'elle soit au fond, une manière d'importance qui peut en imposer à quelques-uns. Nous nous permettrons donc de la relever.

C'est un malheur, assurément, que les voyageurs et les marchandises ne puissent se transporter pour rien. Les administrateurs eux-mêmes du réseau d'État n'osent pas encore s'en charger. Ce n'est pas qu'ils n'en aient bonne envie, mais, ce serait aller un peu vite en besogne ; on en reparlera après le rachat. En attendant, il faut se résigner à payer ses dépenses avec ses recettes, si l'on peut. C'est évidemment celui dont la balance sera la plus favorable, c'est-à-dire dont le coefficient d'exploitation sera le moins élevé, qui se trouvera dans les meilleures conditions pour améliorer les taxes. Quel est donc, de l'État ou des Compagnies, celui qui, dans cette joute d'économie, l'emportera ? Nous écartons, bien entendu, l'hypothèse dans laquelle un des champions triompherait, en mettant dans son jeu des atouts *puisés* dans les coffres de l'État.

Celui qui l'emportera, M. Allain-Targé le dit nettement : « C'est l'État ! » Tous les documents mis récemment en lumière, par cette longue discussion, ont démontré irréfutablement le contraire. Les dédains de M. Allain-Targé, quelle que soit leur autorité, ne parviendront pas à infirmer, devant l'opinion publique, la valeur des chiffres comparatifs que M. Gottschalk, président de la Société des ingénieurs civils, a donnés dans la séance du 9 janvier 1880, et qui démontrent péremptoirement qu'en Belgique, en Suède, en Allemagne, en Hongrie, les seuls pays où l'exploitation de l'État fonctionne dans des proportions sérieuses, le coefficient est moyennement de 10 0/0 en faveur de l'industrie privée.

M. Allain-Targé répond, par une comparaison entre l'exploitation du réseau d'État français et celle du réseau des Compagnies : à 78 0/0, dit-il, contre 87 à 118 0/0.

L'honorable, mais irascible, administrateur du réseau d'État a été ici la victime d'une de ces illusions d'optique dont nous parlions tout à l'heure. Il n'a point pris garde que ce qu'il comparait au réseau d'État, n'était pas le réseau des Compagnies, mais la partie spécialement onéreuse de ce dernier, celle, précisément, dont la construction et l'exploitation leur ont été imposées par les conventions, et qui doit vivre du fruit de la prospérité de l'ancien réseau.

C'est une pitié, véritablement, que cette guerre de chiffres dont le public, dernier juge de la lutte, ne peut, ni vérifier les éléments, ni apprécier la portée exacte : 78 0/0, l'État ; 118 0/0, les Compagnies ; c'est bientôt dit ; mais, les preuves ? M. Allain-Targé sait, aussi bien que les Compagnies elles-mêmes, que le réseau d'État est tout entier situé en pays plat, tandis que le nouveau réseau des Compagnies est, dans sa plus grande partie, en pays de montagnes ; il a oublié de le dire, le détail est pourtant de quelque poids dans la discussion. Et puis, vraiment, est-il bienséant, pour l'État, de tirer vanité d'un coefficient de 78 0/0, quand les défuntes Compagnies des Charentes et de la Vendée, (dont les épaves recueillies ont formé le réseau d'État) exploitaient à 69 0/0 ? La chose est tout au long dans leur bilan de 1876. Sans compter que, si l'on voulait éplucher, si peu que ce fût, celui du réseau d'État en 1879, on y trouverait plus d'un article, d'une certaine importance, qui, au lieu d'être porté aux frais d'exploitation, a été par mégarde, sans doute, attribué à d'autres comptes.

Nous citons ces faits seulement, pour montrer jusqu'où peut aller, avec un peu de bonne volonté, l'élasticité des chiffres, et non pour nous en faire un argument contre le réseau d'État, qui, en réalité, est à peine en cause dans l'affaire. Qu'il y ait en France un réseau d'État ou qu'il n'y en ait pas, cela importe peu. Il n'est même point mauvais que cet embryon existe, s'il consent à rester ce qu'il doit être : un stimulant pour les grandes Compagnies et, en même temps, un témoignage permanent de l'impuissance de l'État à faire de l'industrie, même de l'industrie de transport. Mais, s'il subsiste comme une menace perpétuelle contre la tranquillité des autres réseaux, avec la prétention, si clairement exprimée par M. Allain-Targé, de devenir, un jour ou l'autre, le centre d'absorption de tous les chemins de fer français, ce *statu quo* sera la pire des solutions qu'on puisse donner à ce déplorable conflit.

Admettons, un moment, que les arguments tirés par M. Allain-Targé de ses prémisses fausses et de ses chiffres erronés, ne soient pas infirmés ; que les résultats de son exploitation soient bien ceux qu'il dit et que toutes les vertus, dont il fait une guirlande à son réseau, soient absolument authentiques ; nous ne voyons pas encore bien comment la cause du rachat en deviendrait meilleure. Le réseau d'État est, d'ailleurs, confié à des mains trop intelligentes et trop capables, pour ne pas se montrer présentement le modèle des chemins de fer ; il se sent soutenu par une caisse qui ne se vide pas, et il est assez avisé pour comprendre qu'il a grand intérêt à faire montre actuellement de tous les mérites dont puisse être orné un chemin de fer. Serait-il aussi séduisant après la destruction des autres réseaux ? Nous ne sommes pas assez innocent pour l'espérer. A force de vouloir et d'habileté, les administrateurs du réseau d'État pourront peut-être secouer, pour un jour, la torpeur et adoucir la morgue du *fonctionnarisme*, obtenir de lui, pendant quelque temps, quelques années, si l'on veut, une activité et une ardeur qui aient les semblants de la vie industrielle ; mais, le stimulant disparu, il ne tardera pas à retomber dans ses éternels errements. C'est fatal, et ce serait faire preuve d'une naïveté incomparable que de se bercer de la moindre illusion à cet égard.

Il est presque superflu de réfuter davantage ce plaidoyer, aussi passionné que vide, en faveur d'une cause perdue, nous le répétons ; il se réfute de lui-même. Que l'on nous permette cependant d'insister, en quelques mots, sur son étrange façon d'apprécier le rôle des tarifs spéciaux, qui sont la source vive de la prospérité industrielle et commerciale du pays, ainsi que les prétendus méfaits de ceux connus sous le nom de *tarifs de pénétration*.

Il est aisé de foudroyer d'une phrase les « tarifs de pénétration », dont le nom amène involontairement l'idée d'invasion étrangère, comme celui des « tarifs de détournement » fait naître forcément celle de police correctionnelle. C'est un facile expédient oratoire que de dénoncer, à l'indignation et au mépris des bons citoyens, ces taxes anti-françaises, qui, grâce à la complicité des bureaux minis-tériels, « favorisent les produits étrangers en laissant aux produits nationaux le fardeau du tarif le plus élevé ». L'accusation serait, en effet, écrasante, si elle n'était radicalement fausse. Elle a été relevée et démolie pièce à pièce, avec une rigueur impitoyable, dans une brochure récente, qui ne laisse plus rien à dire après elle sur ce sujet. Nous nous bornerons donc à la mentionner (1). Elle fait voir clairement que toutes les insinuations de M. Allain-Targé reposent sur de simples artifices de chiffres, et sur une mé-connaissance, trop obstinée pour être bien sincère, du mécanisme des tarifs. Nous ne pouvons même pas résumer ici ce remarquable travail; il est tellement concis, tellement concentré, qu'il n'est pas permis d'en supprimer une ligne. On garde, après sa lecture, cette conviction absolue : que les tarifs dits de *pénétration* n'ont jamais favorisé l'industrie étrangère, au détriment de la production indigène. Ici, M. Allain-Targé a gratté de travers la fibre patrio-tique : il n'a pu la faire vibrer.

Quant aux tarifs, spéciaux, qui, « par la faiblesse et la complaisance des comités et des bureaux du ministère des travaux publics », ont pullulé jusqu'à atteindre le nombre vertigineux de « dix-huit cent cinquante-quatre », ils ont la vertu d'élever jusqu'à son paroxysme l'indignation de M. Allain-Targé. C'est, sur eux, que ses invectives tombent avec le plus d'intensité. Rien que ces tarifs spéciaux suffi-raient, à l'entendre, pour motiver la déchéance des Compagnies.

Nous avons la hardiesse de penser, contrairement à l'opinion de l'éminent écrivain, que les tarifs spéciaux sont la plus heureuse, la plus féconde et la moins « réactionnaire » des conceptions auxquelles a

---

(1) *Des Tarifs de Chemins de fer au point de vue de la concurrence étrangère,* par M. Brière, ingénieur en chef des ponts et chaussées. Dentu, 1880.

donné naissance la science économique des chemins de fer. Nous croyons fermement que, loin d'être un mal, ils ont développé et vivifié singulièrement l'activité commerciale du pays ; nous estimons même qu'on ne les supprimerait pas, fût-ce pour les remplacer par des tarifs kilométriques à base décroissante, sans blesser grièvement la prospérité publique.

Au jugement de M. Allain-Targé, les dix-huit cent cinquante-quatre tarifs spéciaux (pour arrondir le nombre, il emploie cet artifice ingénieux de compter, par exemple, pour trois tarifs, les tarifs communs à trois Compagnies) sont du domaine exclusif « de l'injustice et de l'arbitraire » ; ils « favorisent les amis des Compagnies », bien entendu, au détriment des amis du réseau d'État ; ils sont « un instrument de domination et d'asservissement », que les chemins de fer officiels, ennemis de la féodalité, se sont hâtés de répudier. En quoi les chemins de fer officiels ont peut-être bien fait ; mais les Compagnies, à notre sens, ont mieux fait encore en les conservant.

S'il y a de l'arbitraire, l'État en est le plus grand coupable, puisqu'il a étudié, vérifié, contrôlé, soumis à quantités de commissions et, finalement, homologué ces nombreux instruments de domination. Il est malaisé d'admettre qu'un gouvernement homologue, par inadvertance, dix-huit cent cinquante-quatre tarifs iniques, quelques-uns de ces tarifs fussent-ils à trois fins. Ensuite, il nous paraît absolument insensé de vouloir appliquer les mêmes taxes et imposer les mêmes conditions de transport à des marchandises de natures diverses et placées dans des situations tout-à-fait différentes.

Il ne nous semble pas davantage raisonnable de vouloir imposer aux chemins de fer, officiels ou non, cette prétendue « unification des tarifs », dont les partisans du rachat se sont fait un drapeau, comptant avec raison, du reste, sur l'effet toujours assuré d'un mot vide de sens, mais plein de promesses irréalisables. Soumettre le trafic à une tarification uniforme, même « à base décroissante », serait vouloir, de gaieté de cœur, paralyser la production et léser le consommateur. Dans quel intérêt ? Dans l'intérêt d'un soi-disant principe d'égalité devant le transport, aussi faux, aussi inepte, aussi dangereux que toutes les autres doctrines de nivellement social avec lesquelles certains intrigants politiques empoisonnent le jugement des classes simples. Il est bien possible que la création de tels ou tels tarifs spéciaux atteigne çà et là quelques producteurs et les oblige à baisser leurs prix, en leur suscitant des concurrences inattendues. Après tout, c'est le consommateur qui en profite ; nous n'y voyons pas grand dommage. Et comme, encore une fois, aucun tarif spécial n'est mis en vigueur, qu'avec l'approbation motivée du Gouvernement auquel M. Allain-Targé veut livrer, en bloc, tous nos chemins de fer, à moins de croire, comme semble faire l'honorable député, à la corruption et à la vénalité de ce Gouvernement, il faut bien admettre que les griefs de M. Allain-Targé, contre les tarifs spéciaux, sont absolument chimériques.

IV

Ce ne sera donc pas encore, croyons-nous, le manifeste lancé par l'honorable administrateur du réseau officiel, qui convertira l'opinion publique à la cause expirante du rachat des chemins de fer. La question reste, au lendemain de cet événement, ce qu'elle était la veille. La discussion est morte de satiété et de lassitude ; il n'est au pouvoir de personne, aujourd'hui, de la ranimer ; vainement M. Allain-Targé souffle sur le feu ; le feu est éteint. L'écrasante unanimité des chambres de commerce a donné, au projet des trente-trois un coup dont aucun économiste ne peut le guérir. M. Allain-Targé se plaint, à la vérité, du peu d'imagination de ces chambres ; il leur reproche, avec une certaine amertume, de s'être contentées de reproduire les unes après les autres les raisons puisées dans des brochures évidemment payées par les Compagnies, « raisons, dit-il, qui ne lui paraissent pas appeler une réfutation ». Notre éminent contradicteur nous paraît en prendre, à son aise, avec la représentation du commerce francais, qui doit cependant avoir quelque voix au chapitre. Il nous semble aussi un peu dur d'exiger des cinquante-deux conseils généraux et des soixante-onze chambres de commerce, hostiles au rachat, que chacun d'eux soit tenu d'apporter une raison nouvelle. Les raisons n'ont pas besoin d'être si nombreuses, quand elles sont bonnes.

Dans l'étude publiée, au mois d'avril dernier, nous avons essayé de résumer, de condenser ces arguments, de les délivrer autant que possible, de leurs formules techniques, de les mettre à la portée des lecteurs les plus étrangers au métier et pour lesquels cependant la question était d'un intérêt aussi puissant qu'immédiat. Nous l'avons fait, avec une entière impartialité, sans la moindre animosité contre le réseau officiel, sans nulle préférence de parti-pris pour les Compagnies, que nous sommes loin de tenir pour des perfections, mais que nous ne voulons pas laisser détruire avant qu'on

nous ait démontré, autrement que par des affirmations sans preuves et des injures sans dignité, qu'on a, sous la main, quelque chose
de meilleur à mettre à leur place.

Reproduire ici ces arguments serait fastidieux et inutile. L'opinion
publique, nous le répétons, a été sur ce sujet, éclairée outre mesure ; maintenant, cette affaire l'excède ; elle se demande à propos de
quoi on vient l'en fatiguer encore, et ce n'est pas sans hésitation, en
présence de cette lassitude générale, que nous avons pris la plume
pour dire notre mot sur l'incident nouveau. Le pays s'est assez nettement exprimé pourtant : le commerce par ses mandataires spéciaux, le contribuable par ses conseils de départements. Que faut-
il encore ? M. Allain-Targé souhaiterait-il un plébiscite ? Qu'on le
fasse donc au plus vite, et qu'ensuite, au moins, on n'en parle
plus.

Mais, d'une façon ou d'une autre, il importe que cette dangereuse question soit vidée sans tarder et définitivement enterrée,
de façon à ne pas ressusciter, au moins tant que l'opinion publique
ne se sera pas spontanément déjugée par les mêmes voies qu'elle a
employées pour faire connaître sa volonté contraire.

Si, la crainte d'une nouvelle et plus ou moins prochaine campagne devait rester suspendue sur la tête des millions d'intéressés,
le malaise qu'elle a créé ne ferait que s'accroître et s'aggraver.
Quoi qu'en puisse penser M. Allain-Targé, nous persistons à
croire que la tendance des Compagnies (nous ne leur en faisons point
un mérite : leur intérêt le leur commande) est d'abaisser graduel-
lement leurs tarifs ; elles inclinent tout naturellement (le soin même
de leurs recettes les y pousse) à provoquer le développement de
l'industrie et l'épanouissement des relations commerciales, c'est-à-
dire à accroître la richesse du pays par la multiplication des tarifs
spéciaux. Le commerce et l'industrie tablent là-dessus et grandissent
en conséquence. Mais si on leur laisse entrevoir, dans un avenir de
six mois, ou de dix ans, peu importe, un bouleversement absolu de
l'ordre de choses sur lequel ils ont basé leurs calculs et fondé leurs
espérances, si après avoir compté avoir affaire à des entreprises de
transports privées, à des gens de commerce et d'industrie, ils ont en
perspective de se trouver un beau jour en face de ce personnage
redouté qui s'appelle l'État, nous doutons que cette éventualité,
même si elle est tacitement ajournée, leur donne beaucoup de cœur
à l'ouvrage.

L'État « maître des tarifs », rêve des pontifes du nivellement
social, aussi bien que des économistes de l'école de M. Allain-Targé ;

l'État, laissé libre de manipuler les taxes, au gré de ses intérêts électoraux et de ses tendresses politiques du jour ; l'État, juge et partie dans ses différends avec sa propre clientèle ; l'État, entrepreneur sans concurrence, comptable sans contrôle, commerçant sans intérêt personnel, administrateur sans émulation ni stimulant ; croit-on que la tentation, restée possible, d'une aussi folle utopie soit de nature à accélérer le mouvement ascensionnel de la prospérité publique ?

Et les Compagnies elles-mêmes — car enfin, quoi que l'on puisse penser d'elles, la prospérité des Compagnies qui détiennent la majeure partie de l'épargne nationale, compte bien pour quelque chose dans cette prospérité publique — a-t-on seulement supputé la perte que l'incertitude du lendemain leur inflige chaque jour ? Qu'on les rachète, c'est-à-dire qu'on les détruise, que l'œuvre incomparable dont elles ont été les artisans devienne tout de suite une annexe du réseau que M. Allain-Targé administre, ce sera insensé, ce sera inique, ce sera calamiteux, mais, au moins, ce sera fini ; le pays pourra ensuite, tout à loisir, faire son addition et calculer en milliards, peut-être même en unités bien autrement douloureuses, ce que lui aura coûté ce nouveau désastre public. Mais ce qui serait plus absurde et plus coupable encore, ce serait, après les avoir menacées de cette absorption, après avoir (vaincus par le soulèvement de l'opinion) reculé devant cette dispendieuse sottise, ce serait de laisser les choses en l'état, sans rétablir, par un acte parlementaire solennel et définitif, l'équilibre des intérêts dérangés par cette campagne insensée.

Nous entendons par là, non seulement les intérêts des Compagnies, mais ceux du public tout entier. De quel droit, d'ailleurs, ce public pourra-t-il exiger de Compagnies qui ne sont pas sûres de vivre demain, qu'elles améliorent, ou même qu'elles entretiennent, avec le même zèle qu'auparavant, un matériel roulant, des voies, des constructions, une organisation, un personnel, qu'elles seront chaque jour à la veille de se voir enlever par un coup de force ? Nous le demandons à la loyauté de M. Allain-Targé lui-même, si le réseau d'État avait été perpétuellement menacé de conquête et d'annexion ; eût-il mis des coussins dans ses voitures de troisième classe ? Eût-il créé des billets d'aller et retour à 40 0/0 ? Eût-il commandé les voitures de première classe dont la presse des Deux-Mondes a entretenu le public.

On nous objectera que, la question du rachat ne s'étant manifestée législativement que par la nomination et le fonctionnement occulte d'une Commission mystérieuse dont les travaux ne sont jamais sortis des coulisses de la Chambre, un acte parlementaire n'est pas réglementairement indiqué. Nous le reconnaissons, mais c'est là de la petite chicane. Les intérêts immenses, nous pourrions dire sacrés, puisqu'ils sont ceux de la société française tout entière, qui se trouvent engagés dans l'aventure, valent bien la peine que l'on cherche un expédient exceptionnel pour les protéger ; une loi, une déclaration ministérielle appuyée d'un ordre du jour, n'importe, pourvu que la confiance et la sécurité s'ensuivent. Ce n'est pas une question de procédure parlementaire, c'est une question de haute probité.

Nous ne saurions assez le répéter, jamais incident d'apparence plus pacifique n'a porté dans ses flancs plus redoutables conséquences. Jamais la prudence de ceux qui nous gouvernent n'aura trouvé plus grave occasion de se montrer. Au moment où le mécanisme social a besoin, plus qu'en aucun temps de l'histoire, de toute sa force pour se défendre contre les doctrines d'anéantissement qui le menacent, ce serait folie insigne d'en briser à plaisir les plus indispensables rouages. Nous ne voudrions pas évoquer ici des fantômes, et pourtant il nous est impossible de retenir cet appel au bon sens et au sentiment de conservation de nos députés, quelle que soit leur opinion politique. Encore une fois, ce n'est point une question de parti, ce n'est pas même une question de rivalité entre les Compagnies et l'État, c'est une question d'antagonisme entre tous les principes sur lesquels repose la Société moderne et le plus périlleux des communismes : le communisme qui s'ignore, celui qu'on prépare sans s'en douter, comme M. Jourdain faisait de la prose sans le savoir. Voilà l'ennemi qui se cache sous la question du rachat, et contre lequel le Parlement a le devoir impérieux de nous défendre.

IMPRIMERIE CENTRALE DES CHEMINS DE FER. — A. CHAIX ET Cie, RUE BERGÈRE, 20, A PARIS. — 25388-0.

IMPRIMERIE CENTRALE DES CHEMINS DE FER. — A CHAIX ET Cie, RUE BERGÈRE, 20, A PARIS. — 25390-0.